AF388856

Lettre de Constantinople sur
la destitution de Sultan
Mustapha et subrogaon
de Sultán Murat son neueu,
du 9 et 17. Sept. 1623

Monsieur, Je Vous ay
escript par ma lre du 2 du
courant que le changemt du Vier
Ussain Bassa pourroit par
la probité de Son Successeur
Aly Bassa se changer de face
aux affes de cette Cour & appor:
ter de la reformaon aux desordres
de l'estat, La Suitte de
celle cy vo° tesmoignera que
cestoit en dispositif de la deux°
demission de la Royauté

si fort desirée de touttes
les Gens de bien de deça de
l'Empereur Sultan Mustafa
Lequel par la Valeur dud.
Aly Bassa (home qui en
peu de tps l'a sceu tres bien
prendre ses mesures & practiquer
les Grands et mesme la milice
à esté change et en saplace
mis le Jeune Prince Sultan
Murat son nepueu filz de
Sultan Ahemat & frere
dud Sultan Osman L'affaire
s'est passée en cette Sorte s.

Sabmedy dernier 9e de ce mois
courut un bruict sourd pare
Constnople ce 10e la mesme on
debuoit se tenir en ville de
Daoud Bassa Sultan Mustafa
& son Nepueu Sultan
                    Murat

Murat ou il estoit auec Ses.
auec trois freres auec ~~des~~
dessein de dismettre l'On &
& creer l'aec Empereur,
On dit en suitte Sur les 4 heures
du Soir entrer par Mer
Led. Sultan Mustafa dans
Son serrail de Const.ple accompagné
de S. Murat & de la Mere
dud. Mustafa. Laq.ue estant
visittee par le Vizir il luy
fist entendre quil ne pouuoit
plus tenir le peuple auquel
patience eschappoit pour les
desordres q l'insuffisence de
l'Empereur Son filz apportoit
dans L'estat et quil estoit po.re
quelq rebellion si plus longtemps
on le priuoit de luy se tore &
parler aut. Empereur de la
bouche duquel led. Peuple vouloit

Scauoir Sil estoit Si incappable
qu'elle figueroit labonne feme
bien esefchée de sa contenance
mr respondit auec chose Sinon
g' l'on Scauoir bien a son filz
nestant pas capable de donner
contentem.t au peuple luy estant
exposé en teue il ne S'en pouuoit
ensuiure que la demission de
Sond.t fils & ruine de Ma.t Sa
Mere Sallaire indigne du
consentim.t quelle deuoit tout
fraischem.t deprestir a son
ouenem.t au Vizirlee ce nonobstat
led.t Vizir le Musty, Cadis
Lesquiers et aues Off.rs de l'Empire
auec le Janissaire Aga et Sspay
Aga resolurent de poursuiure
laur dissern et po.r empescher
les obstacles qui pouuoient
naistre dauant qu'en pouuoir
R.l l'execuon S'asseurerent de
Saperson.e du Sultan

Murat

Murrat qu'ils donnerent en garde
au Boustengy Bassy. N'ayans
Une grande apprehension dud.
Murrat qui s'estant veu par 2.
fois depuis la mort de S. Osman
en peril d'estre estranglé mesmes
peu de 15. auparauant ayant
eschappé de la seconde atteincte
qui luy auoit esté donnée à
l'instance de la Mere de S.
Mustafa cuidoit qu'à cette 3.e
on le deust despecher et eust
on de la peine à s'asseurer de luy
& s'accroire le contraire.

Nous le laisserons passer cette
nuict auec les apprehensions q.
son bas aage luy pouuoit suggerer
p.o reuenir à S. Mustafa q. le
lendemain 10 dud. mois au poinct
du io.r le Vizir accompagné de
Musty, Cadis Lesquiers, Famille

& Espay Aga et de grand nbre
d'autres Offrs de l'Estat Suiuie
de beaucoup de peuple furent
bore dans son Serrail et luy
ayant esté faict publicquem.
Duuirses demandes par le Vizir
Luy representans entrautes qu'il estoit
temps de donner ordre a tant de
desordres qui s'éstoient glissez
dans son Estat Lesquels auroient
enfanté par tout les quatre
coings d'iceluy La rebellion de
ses Subietts notam.t en Natan
par Abaza bassa en Bagdad
ou Bagadet par Bechio Soubassy
il feust trouué a l'opinion
plus comune du tout immobile
de Langue d'autres veullent
qu'ayedict p.r toutte responce
deux ou 3 fois Je ne veux
plus estre Roy et suix
ce

ce a l'instant on resolu de le
desmettre dè la Royauté po(u)r
y esleuer S. Murat qui fust
sur le champ bisité par les
principaux de cette assemblée
po(u)r luy f(air)e entendre affirmatiuem(ent)
L'eslection qu'on auoit faict de
Sa persone & le trouuant plus
asseuré q(ue) le i(ou)r preceedant
il remercia ceux qui luy en
porterent la nouuelle
et neantmoins refusa d'abbord
cette eslection disant qu'il y
auoit trop de danger de
L'accepter puisque les Empereurs
estoient Subiects à estre
miserablem(ent) massacrés co(mm)e
auoit esté son frere S. Osman
et qu'outre plus la licence de
La milice et mauuais gouuer(nement)

Item les ministres auoit espuisé
les tresors du Serrail en sorte
qu'il n'y auoit pas moyen à
vn nouueau Roy de pouuoir
payer le Baychy et Taraguy
a lact million de laquelle il luy
fut respondu que cela ne le
deuoit pas empescher d'accepter
l'eslection qu'on en auoit faict
Or ils se contentoient qu'il fust
Empereur et qu'ils ne vouloient
ny baychy ny Taraguy, sur
cett offre & le grand desir qu'vn
chascun luy tesmoigna d'auoir
qu'il fust Roy il accepta la
royauté et à l'instant fut
mene sur son Tact ou Trosne
royal où il fust veu d'vn chacun
quelq espace de temps & sur
les huict heures de matin
fust proclamé Roy par tout
Const.ple

Ensuitte

En Suitte de ce le 10.e apnz 11.
dud.t Il sortit du Serrail et
s'embarquant sur vn caiq fust
conduit ala mosquee de Suasonry
ou l'on tient qu'a este enseuely
le bon homme Iob et la les prieres
faictes ony fust Corrban (c'est
Sacrifice) de plus .x. moutons
et apretz ce on luy seignit
l'Epee coe de coustume et
montant a cheual tira de
la droicte vers la porte de[deleted]
d'Andrenople ouil entra en
Solennite auec toutte sa Cour
et n'estant encor bien dans
la ville il luy fust p[rese]nte pove
on de ses subiectz vne req.te
quil receut auec bon visage
ioyeux et s'arresta vnpeu
de temps p.r la lire et aprez
la donna au Vizire auec vne

Contumace fort asseurée.

Se estant monstré en ceste action
beaucoup plus hardy q̄ ce qu'on
debvoit esperer d'on ieune prince
qui n'a encores atteint la 14ᵉ
annee de son aage & qui a esté
tousi̇ sa bie coe prisonnier
dans un serrail

Jusques apñt il n'y à eu depuis
son eue nem̄t aue changemt.
aux charges publicques que la
creation du Bassa du Caire
Laquelle chargé a esté donnee
par le grand Seigr a son Selictar
en recompense de ce q̃ a la premiere
fois q̃ la Mere de S. Mustapa
le voulut fr mourir led Selictar
s'opposa de sorte de faict au Capy
Aga qui avoit esté envoye pr
l'execuion de telle fon
q̃ led. Capy Aga ayant esté,
fut

tué auec aucun de ceux quj
s'accompaygnoient. L'Entreprinze
s'esuanta et par ce moyen leb.
grand seig. fut pleine d'eaux
tempesn. Le disportem. du
Vizir. Manjou Ussain Bassa
deuant quon fist ce changem.
ne doruent estre oubliéz en ce
discours puis quil a fant fait
parler desa vie durant son
Regne, Le io. quon fust beuu
S. Mustafa ch[am]s[on] ple Sachat
quon murmuroit de le desmettre.
Il en aduertit Sa Mere &
Luy offrit Sa vie & Ses moyens
p[ou]r. la conseruaçon de son filz
et sil eust peu corrompre le
Ianissaire Aga soubs la garde
duq. il auoit esté mis il
rompoit p[ou]r ce coup la partie.
Ses menées ayant esté dü depuis
descouuertes il fut serré plus

estroictem.t et voyoit on qu'il
devoit mourir au premier
Diuan qui se diroit tenir auiour
dhuy 16. 7.bre mais ayant
sceu couurir ses prisons auec
de bonnes clefs d'or il à de
rechef gauchy et orage.

a plus comune opinion et que
le rangem.t de Roy fera changer
de dessein a Abassa Bassa
et Bekier Soubassy Bassa
de Bagdade qui est encor en
armes en son gouuernem.t et est
assez fort on disoit on q.l a
intellig.ce auec le Persien leq.l
fomente plus sa Rebellion q ses
propres forces, & que l'on
. . . se rangeront soubs
l'obeyss.ce du grand Seig.r le
temps nous en fera cognoistre
la verité. Mais p.r le tt. Abaga
il

il à tant chatrautté des Ianissaires
q̃l y a apparenc̃ q touttes les
asseurances qu'on luy scaura
dõnner p̃ luy p̃mettre
bas les armes luy seront suspectes
hors qu'on le continue Baßa
de la forte Ville de Vzurũn
et qu'on ne l'oblige de tenir
en Coure

Auant hier au soir 14. de ce
mois on fist force feux de'roye
au serrail p̃ la circoncisson
du grand Seig.r qui fust faict
cette nuict la

Bien que la milice aye faict p̃nt
au grand Seig.r du Baqchy
et Taraquy que de droict il
leur doibt Ce nonobstant
la Kiossem Cadem sa Mere
estimee la plus habille femme
du serrail et qu'est rogneüe

de beaucoup de monde &c.
auoir est. la plus fauorie
de S. Ahemat qui la menoit
souuentefois au veu du peuple
en ses promenades a dit q.lle
bach. et lett. Baghy et
Taraguy soddomme a cet.
milie. Nous verrons ce qui
ensuiuera mais ie crains qu'on
nen donnera point cer
ueritablem.t dans les 15.
mois et 21. iours qu'a regné
cette derniere fois S. Mustafa
Les Trezors du serrail ont
est. grandem.t espuisez.

Lors qu'on fit mourir S. Osman
on ne disoit qu'il luy suruesquit
q3 deux freres parce que
peu de i.s auparauant.
ueritab.

voulant partir po[ur] la mecque
il auoit fait mourir son plus
grand oni'q frere de pere &
de Mere mais maintenant
on en compte quatre y com:
prenat le p.ce Regnant
Sondirg.ls est fils auec le
grand Sirgr de la Krossem
et les aures deux nont point
de mere.

Nous auons autant d'occaõn de
Loüier Dieu de ce changemt.
Et reuenant a l'Empire de
S. Murat (Je dis nous tous
qui faisons Sejro en ces terres)
q d[e]s propres subiects (Car
maintenat nous auons & nos
vies et nos moyens asseurez
les qn'auions pas du regne

de S. Mustafa ou par la
confusion quil y auoit il estoit
en l'arbitre de quatre pendans
d'entreprendre surr nos ps[onnes]
& facultez. sans q pr cela
il en fust autre chose. ce q
prntment ou iamais changera
bien de brangle car on croid
q la milice se rangera aux
termes de l'obyss. et les
ministres rendront plus
d'honneur et de subdon aux
repntans de monarques
& Princes alliez et conféderez
de cette sorte quilne fassient
a son regne plein de disordre
par le moyen dequoy Dieu
nous fera la grace q nous ne
serons pas deffeuss de ce cost
la de nos attentes.
On parle de se passer le pas
a S.

à S. Mustafa il seroit à
deffrer po ostre tout pretexte
aux deßbauchez, et meschans
qui s'aggrandissoient en
son regne confus, de iamais
plus ... dessein sur luy
po luy brouiller derechef
l'Etat et retourner pescher
en eaue trouble. C'est
tout ce q iusques icy
remarque qui se peult
escripre de ce nouueau
gouuernement au changem
duq. n'a est fait non plus
de bruict q si un simple
Bassa fust esté. vne chose
admirable de remarquable
... vne asses de la conseg.
de celuy cy, si entre icy et
le premier aue ordinaire
arriue quelque nouueaute

Je ne manqueray de bo' en ma
part. / A Gallata lèz
Constantinople a 26. de
Septbre 1623.

A 27. de Septbre audt.
Constple

Aujourd'huy a esté faict
Mansoul le Janniss. Aga
Et à aussy esté repris Vssain
Bassa C'est le grand Vizir
dernier desmis dont est
parle en ma lett d'hier
qui traict de ce nouveau
changemt d'Estat.